AF332771

X

84670

LATINI SERMONIS

VETUSTIORIS

RELIQUIÆ SELECTÆ

RECUEIL PUBLIÉ SOUS LES AUSPICES

DE M. VILLEMAIN, MINISTRE DE L'INSTRUCTION PUBLIQUE

PAR A. E. EGGER

PROFESSEUR SUPPLÉANT A LA FACULTÉ DES LETTRES DE PARIS

ET MAÎTRE DE CONFÉRENCES À L'ÉCOLE NORMALE

DE L'IMPRIMERIE DE CRAPELET,

RUE DE VAUGIRARD, N° 9.

PRÉFACE.

I.

Après avoir étudié les annales romaines dans Tite-Live, si on ouvre un volume de Varron ou de Festus, on s'arrête frappé d'un singulier contraste. Ce sont à chaque page des mots étranges, expression de faits inconnus. Des magistratures, des cérémonies religieuses, des peuples entiers reparaissent devant nous comme la révélation incomplète et mystérieuse d'un monde oublié. Alors on se demande si Rome, avec les vicissitudes de sa fortune et de son génie, était fidèlement dépeinte dans une narration où Romulus et les décemvirs, Brutus l'ennemi des Tarquins et Brutus le meurtrier de César, parlent le même langage et semblent des hommes du même siècle. Que signifie cette nouvelle scène longtemps cachée pour nous derrière l'uniforme beauté des monuments classiques? où est l'illusion? où est le mensonge? dans l'art des grands historiens ou dans la science des grammairiens antiquaires?

Il faut le dire, l'histoire est de nos jours autrement comprise qu'elle ne le fut chez les anciens. Moins sévères sur quelques règles de composition, nous lui demandons avant tout l'exacte vérité des détails avec un autre tour d'esprit philosophique; et, à ce point de vue, les œuvres des grands historiens de l'antiquité perdent un peu de leur prix. L'exquise perfection de

la forme n'y rachète pas, à nos yeux, des erreurs et
des oublis, grossis encore par la satisfaction qu'on
éprouve à les découvrir tant de siècles après l'événe-
ment. Nous aimons une autre méthode de recherches
et je ne sais quelle manière de narration plus naïve.
Tite-Live, si éloquent et si majestueux lorsqu'il parle
de Lucrèce, de Camille ou d'Annibal, nous persuade
moins cependant qu'il ne nous entraîne. C'est toujours,
sauf les nuances du talent, Thucydide, Xénophon ou
Salluste, un récit pur et grave, entrecoupé de por-
traits et de harangues, avec de merveilleux secrets
pour éluder la vérité dès qu'elle menace de devenir
triviale ou seulement étrange. L'auteur évite surtout,
avec une sorte de superstition, les archaïsmes de langage et de pensée, comme une fâcheuse disparate dans
l'uniformité brillante de son style. Supprimez çà et là
quelques mots qui sentent le vieux romain, et vous
aurez partout des contemporains d'Auguste avec leur
belle langue qui prête un accent trop moderne aux
passions d'un autre âge.

Ces habiles écrivains d'une époque immortalisée par
les lettres semblent ignorer que la langue qui fait leur
gloire mérite bien aussi d'être comptée, comme les
provinces de l'empire, parmi les conquêtes du génie
romain; et dans leur dédain ils méconnaissent une
partie essentielle de l'histoire nationale.

Mieux instruit et moins indulgent pour lui-même
à cet égard, Tite-Live se serait interdit peut-être tant
d'épisodes oratoires de pure invention dans la première partie de ses Annales, où les documents lui man-
quaient pour écrire autre chose qu'un simple abrégé.
Mais le défaut même de documents sur ces époques
reculées avait un sens pour l'annaliste qui aurait su

profiter du silence de la tradition comme de son témoignage.

En effet, si les premiers siècles de Rome ne produisirent que des lois, des formules, quelques fragments poétiques et quelques oraisons funèbres; si, vers le vi⁰ siècle seulement, apparaît une véritable littérature écrite, c'est qu'alors une grande révolution s'opère dans les mœurs et les institutions romaines. Les lettres grecques viennent de pénétrer à Rome avec les captifs de Tarente, et les lettres latines se transforment sous l'influence active et continue d'une civilisation étrangère.

Il reste encore aujourd'hui des traces de relations plus anciennes entre les deux peuples, par les colonies de la Campanie, de la Calabre ¹ et de la Sicile. Les lois des Douze Tables présentent assez d'analogie avec celles de Solon pour autoriser la tradition qui les rattachait à cette origine. Enfin, en remontant plus haut, on voit la famille des Tarquins introduire à Rome le nom et le culte de plusieurs divinités helléniques ².

Mais avant les guerres des Samnites, avant les lois décemvirales, avant l'arrivée de Démarate en Italie, le latin était déjà constitué dans ses éléments essentiels. Tous les mots qui expriment les relations de famille, les usages de l'agriculture, de la guerre ou du commerce, devaient être acquis à la langue, et ne pouvaient plus subir que de légères altérations. Or, presque tous ces mots appartiennent évidemment aux mêmes racines que les termes qui leur correspondent en grec; mais en même temps ils se distinguent faci-

---

(1) Voyez l'anecdote racontée dans Cicéron, *de Senectute*, c. 12.

(2) Beaufort, *la République romaine*, liv. 1, c. 2. *Cf.* Cicéron, *Rép.*, II, 19, et la note de M. Villemain sur ce chapitre.

lement des mots empruntés à cette langue depuis la conquête de la Grèce. Ainsi l'identité radicale des mots ὕπνος et *somnus* et celle de tous les noms de nombre était déjà reconnue par les grammairiens latins [1], mais c'est là un fait distinct de ces emprunts réfléchis que firent au grec Ennius et Caton *pour enrichir leur idiome national* [2]. Si on veut retrouver ὕπνος dans *somnus*, il ne suffit pas d'une transcription littérale, il faut recourir aux secrètes analogies des lettres, à des lois de permutation, qu'une critique déjà exercée peut seule apercevoir.

Voilà donc une famille de mots latins probablement antérieure à toutes les relations politiques entre la Grèce et Rome; et il devient probable que, même avant le règne des Tarquins, la langue latine avait déjà puisé aux sources orientales. C'est-à-dire que tout n'était pas fiction dans les récits populaires sur la philosophie de Numa, sur l'origine des fondateurs d'Albe, sur le débarquement des Troyens en Italie; c'est-à-dire que l'affinité des idiomes révèle clairement l'affinité originelle des nations.

Ainsi, d'une même origine seront descendus, et les dialectes grecs, et les dialectes italiens qui plus tard formèrent le latin. Les premiers auront grandi de bonne heure sur une terre favorable aux inspirations du génie, tandis que les autres végétaient sans gloire au milieu des dures nécessités de la vie pastorale et guerrière, sur un sol souvent ravagé par les révolutions. Durant plusieurs siècles les deux langues auront vécu solitaires, sans influence l'une sur l'autre. Le latin surtout, mal fixé par un petit nombre de monu-

---

(1) Voyez plus bas, pages 58, 59. *Cf.* Varron, *de Ling. L.*, V, 96; et VII, 1.
(2) Horace, *de Arte Poetica*, v. 59, sq. *Cf. Epist.*, II, 2, v. 115 sq.

ments, se sera plus rapidement écarté de sa forme primitive : en effet, du chant des Arvales aux Douze Tables la distance est plus grande que de l'*Iliade* aux Histoires d'Hérodote.

Aussi, quand les guerres de Pyrrhus rapprochèrent de nouveau la Grèce et Rome, les deux idiomes eurent peine à se reconnaître. Celui-ci ne gardait de son passé obscur que des textes officiels, quelques fragments poétiques, bien rudes encore et bien grossiers, comme le peuple dont ils charmaient les rares loisirs. Le grec se présentait, au contraire, avec les prestiges d'une littérature savante, aimable et riche. Comme frère ou comme étranger, il fallut l'admirer et lui donner entrée dans la cité romaine : la lutte n'était pas possible.

> Græcia capta ferum victorem cepit, et artes
> Intulit agresti Latio [1].

Puis, lorsque les vainqueurs eurent beaucoup appris à l'école des vaincus [2], la critique naissant de l'érudition, et la comparaison perpétuelle des deux idiomes en faisant jaillir des ressemblances inaperçues jusqu'alors, on reconnut qu'apprendre le grec, c'était souvent rapprendre le latin sous une autre forme [3].

______

(1) Horace, *Epist.*, II, 1, 156 sq.

(2) Le Grec Didyme, contemporain de César, et peut-être avant lui Tyrannion et Philoxène, avaient écrit sur la langue latine, surtout en vue de ses rapports avec leur langue maternelle. V. Lersch, *Sprachphilosophie der Alten*, I, p. 143 ; III, p. 164. Le grammairien Hypsicrate, qu'on trouvera cité plus bas, p. 32, et qui avait écrit un livre *Super his quæ a Græcis tracta sunt*, appartenait sans doute à la même école.

(3) Voyez plus bas, p. 32 *et passim* ; Varron, *de Lingua L.*, VI, 40 ; Festus, s. v. *Petorritum. Cf.* Denys d'Halic., *Antiq. rom.*, I, 90 ; Quintilien, I, 6, 31 ; Philoxène *ap.* Bekker., *Anecd. Gr.*, p. 1184 ; Athénée, X, p. 425 A ; Priscien, XIV, 1, p. 584, éd. Krehl. Plusieurs des étymologies grecques proposées

Ces vieilles monnaies latines, comme dégagées de la rouille du temps par une subtile analyse, laissèrent voir dans leur première empreinte le signe d'une antique fraternité ; mais, chose singulière, à une époque où la vanité romaine cherchait des aïeux dans la Grèce, et commandait l'*Énéide* à Virgile, quand la flatterie s'ingéniait à restaurer la généalogie troyenne des Jules, pas un poëte ne songea aux découvertes des grammairiens ; pas un historien n'y chercha des arguments en faveur des récits qu'il empruntait aux chroniques de sa patrie [1] ! On aima mieux répéter, d'après Timée, Hiéronyme ou Dioclès, la fable du débarquement d'Énée, la légende miraculeuse des deux jumeaux de Rhéa Silvia, et leur éducation à l'école grecque de Gabies, que de demander aux antiquités de la langue une preuve bien plus certaine de cette noblesse de sang dont on devenait si jaloux ; il semble même que l'orgueil romain ne daignât pas s'abaisser à de pareils arguments. On trouvait plus simple d'affirmer que Rome, après avoir soumis le monde au joug de ses lois, pouvait lui imposer aussi le joug de ses croyances et de ses vieilles traditions : c'est du moins l'aveu de Tite-Live [2].

par ces vieux grammairiens nous font sourire aujourd'hui ; elles ne doivent pas nous faire oublier les sages paroles de Varron au commencement de son septième livre *de Lingua Latina* : « De originibus verborum qui multa dixerit commode, potius boni consulendum, quam qui aliquid nequiverit reprehendendum ; præsertim cum dicat Etymologice non omnium verborum dici posse causam. »

(1) Il faut prendre acte cependant de quelques lignes écrites en ce sens par Denys d'Halicarnasse, *Antiq. rom.*, I, 90.

(2) *Præfatio :* Datur hæc venia antiquitati, ut, miscendo humana divinis, primordia urbium augustiora faciat. Et si cui populo licere oportet consecrare origines suas et ad Deos referre auctores, ea belli gloria est populo romano, ut quum suum conditorisque sui parentem Martem potissimum ferat, tam et hoc gentes humanæ patiantur æquo animo, quam imperium patiuntur.

Mais, sans s'élever jusqu'à ces hautes conséquences des faits aperçus par la philologie naissante, si quelque annaliste eût exploré méthodiquement les archives de l'antiquité latine, que de précieux matériaux il y aurait trouvés pour l'histoire de la langue, des mœurs et de la religion romaine [1]! C'étaient (car nous pouvons encore, après tant de pertes, signaler plusieurs de ces documents) le chant des Arvales, dont Varron semble ignorer l'existence; les hymnes Saliens interprétés par Ælius Stilon, l'un des fondateurs de la science grammaticale chez les Romains; le vieux *poëme de Nelée*, dont le sujet et l'âge ne sauraient être indiqués d'une manière précise; le *Droit Papirien*, dépôt de la législation royale, à peine connu aujourd'hui par quelques fragments défigurés; les premiers traités entre Rome et Carthage, déjà difficiles à comprendre pour des savants contemporains de Polybe; la loi des Douze Tables, dont il eût fallu rechercher les vieux exemplaires, car dans les écoles, où on les apprenait encore par cœur au dernier siècle de la république [2], les formes archaïques devaient s'en être bien altérées; le poëme d'Appius Cæcus, où quelques-uns croyaient apercevoir un reflet des doctrines pythagoriciennes; d'innombrables dédicaces et inscriptions funéraires dont nous pouvons apprécier l'importance par les monuments de Duilius et des Scipions, et dont Cicéron a quelque part invoqué le témoignage [3]; les registres des corporations religieuses, des censeurs et des édiles; la col-

---

(1) Est-ce bien là le travail dont Salluste avait chargé le grammairien Ateius Philologus? (voyez plus bas, p. 61, 62.) A juger par ce qui nous reste de Salluste, on en doutera peut-être.

(2) Cicéron, *de Leg.*, II, 4 et 23.

(3) Voyez plus bas, p. 104, n. 4.

lection enfin des *grandes Annales*, et des textes législatifs réunis dans les temples et les autres monuments publics.

Depuis que Rome a des *écrivains* de profession (*scribæ*, comme on les appelait alors [1]) et des écoles, les monuments de la langue deviennent plus nombreux et plus faciles à comprendre. Dans les hymnes de Livius Andronicus, dans les drames du même auteur et de ses élèves Ennius et Pacuvius, dans les discours de Caton, en un mot, dans toute la littérature savante des derniers temps, il y avait pour l'historien une mine inépuisable de souvenirs et de citations qui ajoutaient à la vérité comme au charme du récit. Et cependant rien de ces vicissitudes de la vie intellectuelle de Rome ne se reflète dans ses annales écrites par des Romains ou par des Grecs convertis à la cité romaine ; vainement on y cherche la vive empreinte de l'esprit des hommes et des temps : partout l'art y prime la science, et ramène les traits du tableau à un idéal de convention. De là cette défiance qui nous pousse à chercher une autre histoire derrière le récit des historiens classiques ; de là notre nouvelle prédilection pour les compilateurs et les archéologues, témoins naïfs de faits méconnus ou dédaignés ; de là ces restaurations hardies d'un monument plus facile à renverser qu'à reconstruire, les épopées imaginaires de Niebuhr, les travaux ingénieux et quelquefois solides de l'école sceptique que Niebuhr a fondée.

(1). Voyez le témoignage de Festus cité plus bas, p. 284 , 285.

II.

L'objet du livre que je publie n'est pas de fournir
des armes à l'esprit de système contre l'autorité des
grands écrivains ; ce n'est pas de recomposer, avec la
poussière des ruines, cette double histoire des choses
et des mots, dont j'esquissais plus haut quelques traits,
œuvre difficile, dirai-je impossible aujourd'hui ; mais
si l'intelligence du génie latin peut être vivifiée par un
sentiment plus vrai de ses différents caractères et de
ses formes successives, un recueil où seraient mar-
qués, dans leur ordre chronologique et par des monuments, tous les âges de la langue, servirait beaucoup à ce progrès des études. Il offrirait à l'historien
et au critique la matière de leçons utiles ; en leur mon-
trant, par ses lacunes mêmes, l'étendue des pertes que
nous avons faites, il les induirait à juger avec pru-
dence et réserve d'obscurs problèmes d'archéologie
littéraire.

Telle est, je crois, en quelques mots, la pensée du
maître illustre qui voulut bien me conseiller ce travail, m'en tracer le plan, et me soutenir dans les dif-
ficultés de l'exécution. Il appartenait à M. Villemain
de concevoir et d'encourager une telle entreprise,
pour l'intérêt commun du monde savant et des écoles
françaises. Était-ce à moi de la réaliser, lorsque di-
verses convenances de temps et d'espace, et plus que
tout mon insuffisance, devaient réduire à des bornes
modestes un projet digne de plus larges développe-
ments ?

D'abord j'ai dû me renfermer entre la fondation de
Rome et la fin du règne d'Auguste, époque où l'em-

pire atteint sa plus haute splendeur, et la langue sa
pleine maturité. Dans cette période même il fallait
choisir les pièces les plus intéressantes : plusieurs vo-
lumes auraient à peine suffi pour une collection com-
plète. Cela posé, au point de vue philologique, toutes
les inscriptions authentiques méritaient de figurer dans
ce volume comme témoignage direct de la grammaire
et de l'orthographe anciennes. Je n'ai donc, en ce
genre, négligé volontairement aucun texte de quelque
étendue; mais j'ai sévèrement exclu, sans en avertir
toujours le lecteur, les pièces apocryphes ou suspectes,
tous les pastiches anciens ou modernes, parmi lesquels
il suffira de rappeler ici les prétendus fragments du
Journal de Rome [1] et les formules de lois rédigées par
Cicéron à l'imitation des Douze Tables [2].

Entre les fragments littéraires, je n'admets en gé-
néral que les plus complets et les plus intelligibles. J'ai
cru pouvoir m'écarter de cette règle pour les fragments de l'*Odyssée* de Livius, d'une tragédie d'Ennius et d'une tragédie de Pacuvius; il était bon de faire
connaître par quelques exemples l'état de ces œuvres
mutilées et les ressources dont la critique dispose pour
en deviner le caractère et en restaurer l'ensemble. Au
reste, je me suis expliqué sur ce point et sur quelques
autres dans les notes ou dans les introductions des
principaux chapitres; mais il convient d'ajouter ici une
observation générale. Je n'ai pas soumis les textes littéraires à une recension proprement dite; sauf quel-

____

(1) Voyez M. J. Vict. Le Clerc : *Des Journaux chez les Romains* (Paris,
1838, in-8°), p. 261-341.

(2) Dans les livres II et III de son traité *des Lois*, lequel offre d'ailleurs çà
et là des débris authentiques de l'ancienne législation, et particulièrement des
Douze Tables.

ques corrections légères et que je n'ai pas toujours si--
gnalées, on trouvera ici pour chaque auteur le texte de
la meilleure édition que j'ai pu m'en procurer. Quant
aux variétés orthographiques qui résultent de cette méthode, le lecteur les pardonnera facilement. En effet,
les plus anciennes et les plus correctes inscriptions
réunies dans ce livre prouvent combien était alors ca-
pricieuse l'orthographe des copistes romains [1]. Le dé-
sordre avait donc ici une sorte de vérité locale qu'il
était au moins inutile de corriger [2].

Avant l'épigraphie et la littérature se placent les
fragments de quinze grammairiens plus ou moins cé-
lèbres. Ce chapitre, incomplet sans doute, mais neuf
en quelques parties, remettra en lumière des noms
oubliés, montrera l'espèce de révolution qui s'opère
dans la langue latine entre le siècle de Sylla et celui
d'Auguste, et justifiera ainsi la place que je lui assigne
en tête du recueil.

Ne pouvant joindre un véritable commentaire à des
morceaux si variés, j'ai du moins expliqué par de
courtes notes les archaïsmes les plus difficiles. La table
alphabétique donnera le sens et la forme usuelle de
tous les autres, et servira d'ailleurs de contrôle pour
les leçons étranges où l'on serait tenté de voir des
fautes typographiques. Si l'on remarquait que, malgré
ces secours, plusieurs morceaux restent bien obscurs,
j'oserais peut-être répondre, avec l'un des auteurs à
qui ce volume doit le plus de citations précieuses :

---

(1) Il existe sur ce point un singulier témoignage de Cicéron, qu'on peut
ajouter aux textes indiqués plus bas (p. 284) : « Legum custodiam nullam habemus ; itaque hæ leges sunt, quas apparitores nostri volunt : a librariis peti-
mus , publicis litteris consignatam memoriam publicam nullam habemus. Græci
hoc diligentius , etc. » *De Leg.*, III , 20.

(2) Voyez plus bas , p. 208 , note.

« *Quædam reliquimus inenarrata ad exercendam le-
gentium intentionem* [1]. »

L'*Appendice* renfermant les textes grecs traduits
sur des originaux latins qui ne nous sont point par-
venus, réclamera surtout cette attention indulgente.
Interprétées en détail, les treize pièces dont il se com-
pose fourniraient aisément la matière d'un volume;
j'ai cru néanmoins rendre service aux amis de l'histoire ancienne en complétant, même par une simple
réimpression de ces documents, la série des archives
politiques de Rome pendant les huit premiers siècles.
On verra d'ailleurs que sur divers points [2] les textes
grecs et latins s'éclairent l'un par l'autre, et gagnent
ainsi au rapprochement; on le verra principalement
par le double texte d'Ancyre, dont la partie grecque
m'est parvenue quand les dernières feuilles de ce volume étaient sous presse; aussi ai-je regretté de ne
pouvoir développer davantage l'interprétation d'un
monument qui comptera parmi les plus beaux titres
historiques découverts dans les temps modernes.

III.

Ainsi composée, cette collection laisse beaucoup à
faire au lecteur studieux, beaucoup à ceux qui vou-
dront un jour la continuer et l'améliorer. J'espère ce-

---

(1) Voyez plus bas, p. 54.

(2) Par exemple, l'abréviation *a. a. s. e. v.* — *ambo alterve si eis videbi-
tur*, p. 276 (*Cf.* 326, 328) se traduit en grec, p. 379, de manière à ne
laisser aucun doute sur le sens de cette formule. La correction certaine que
nous proposons, p. 339, note 1, nous est aussi suggérée par le rapprochement
d'une formule grecque analogue à celle du monument latin; et nous aurions
voulu l'indiquer plus tôt, p. 281, ligne 4, dans un texte où la même faute se
reproduit.

pendant que, sauf les erreurs presque inévitables dans un travail de ce genre, elle offrira des matériaux d'un usage facile et sûr : les philologues mêmes et les linguistes y pourront donc puiser avec une confiance que méritent peu les anciens recueils du même genre. D'ailleurs il est vrai de dire que, depuis Georges Fabricius jusqu'à Haubold, aucun de ces recueils ne répond précisément, par le plan ni par l'étendue, à celui que nous publions[1].

Je ne saurais non plus me dissimuler que, pour accomplir en toute rigueur ma tâche philologique, il a fallu sacrifier de grandes œuvres littéraires à des textes obscurs et mutilés. Quelques pages éloquentes de Cicéron, de Varron ou de Lucrèce, auraient peut-être

---

(1) Nous ne citerons ici que les principaux :

Antiquitatum libri II in œre, marmore membranisve veteribus collecti a Georgio Fabricio Chemnicensi. Misna, 1549, in-8°.

B. Brisson : *De formulis et solemnibus populi romani verbis libri octo.* Paris, 1583, in-folio.

Antonii Augustini *De legibus et senatusconsultis liber, adjunctis legum antiquarum et senatusconsultorum fragmentis cum notis* Fulvi Ursini. Rome, 1583, in-8°.

G. Fleetwood: *Inscriptionum antiquarum sylloge in duas partes distributa,* etc. Londres, 1691, in-8°.

N. Funck : *De origine et pueritia linguœ latinœ. — De adolescentia linguœ latinœ.* Marburg, 1720, 1723 et suiv., in-4°.

Schœll : *Histoire de la littérature latine* (Paris, 1813, in-8°), tome I.

Em. Spangenberg : *Juris romani tabulœ negotiorum solemnium, modo in œre, modo in marmore, modo in charta superstites.* Leipzig, 1822, in-8°.

Fr. Fiedler : *Zeittafeln der rœmischen Geschichte, nebst einigen dazu gehœrigen Urkunden,* etc. Wesel, 1827, in-4°.

J. C. Orelli : *Inscriptionum latinarum selectarum amplissima collectio.* Zurich, 1828, 2 vol. gr. in-8°. — Excellent recueil dont nous avons beaucoup profité, et dont nous suivons d'ordinaire le texte pour les monuments qu'il reproduit, quand il nous a été impossible de recourir à des autorités plus spéciales.

Chr. G. Haubold : *Antiquitatis romanœ monumenta legalia extra libros juris romani sparsa. — Opus ex adversariis defuncti auctoris, quantum fieri potuit, restituit* Ern. Spangenberg. Berlin, 1830. Très-utile recueil dont les imperfections s'expliquent par la mort prématurée de l'auteur.

plus vivement attaché nos lecteurs que certains chapitres de la loi Servilia ou de la loi Thoria. Mais ces
débris de la législation républicaine ont, par leur ensemble et par les souvenirs qu'ils réveillent, une sorte
de grandeur sévère qui compense bien l'aride obscu-
rité de quelques détails. Rien ne fait mieux comprendre
ce que les Grecs n'ont pas connu, ce qu'ils n'ont ja-
mais réalisé dans le monde, l'harmonie politique sur
les plus vastes proportions, la toute-puissance du génie
organisateur, et, pour me résumer par un mot que
Rome seule pouvait donner aux langues modernes, la
majesté du peuple romain.

Qu'il me soit permis de remercier, en terminant,
M. Charles Giraud et M. Édouard Laboulaye, dont
l'obligeance m'a fait profiter de plusieurs travaux ré-
cemment publiés en Allemagne et peu connus dans
notre pays ; je ne dois pas moins au dévouement d'un
habile philologue, M. F. Dehèque, qui a bien voulu
partager avec moi le soin de corriger les épreuves.
Sans ce concours de volontés amies, mon travail serait
loin encore du faible mérite où j'ai pu atteindre.

Paris, février 1843.

www.ingramcontent.com/pod-product-compliance
Lightning Source LLC
LaVergne TN
LVHW020456060726
842525LV00005B/1743